IN THE REALM OF MOTES

IN THE REALM OF MOTES

Baptiste Gaillard

Translated by Aditi Machado

ISBN: 979-8-9915011-4-9
Library of Congress Control Number: 2025939759

Cover art by Baptiste Gaillard
Author photo by Sophie Robert Nicoud
Translator's photo by Siddarth Machado
Cover design by Jihad Dennis
Book design by Deborah Thomas
Editor: James Sherry

NEW YORK STATE OF OPPORTUNITY. | Council on the Arts

This book is made possible, in part, by the New York State Council on the Arts with the support of the office of the Governor and the New York State Legislature.

Roof Books are published by
Segue Foundation
300 Bowery FL 2
New York, NY 10012
seguefoundation.com

For the complete Roof catalog, go to:
Roofbooks.com
Roof Books are distributed by
Independent Publishers Group
IPGbook.com

Quand il pleut, la frontière des eaux se met à bouger. La pluie qui tombe n'a pas d'effet dans l'océan où rien ne peut être plus submergé.

When it rains, the frontiers of water begin to shift. The rain makes no impact on the ocean into which nothing can ever sink again.

Choses plus fines qui se répandent parmi les lourdes, contournent pour enliser, transitoires dans leur emplacements. Composition des fluides, d'innombrables petits en ensembles : granules des pierres, ce qui s'écoule, et parfois même certains insectes, par exemple des nuages de moucherons.

L'eau ne se brise pas, mais s'écoule de tous côtés, comme d'autres malléables qui se déforment, s'ajustent aux obstacles quand la collision les empêche, et paradoxalement leur donne corps, parfois pour un bref moment avant de se brouiller à nouveau, d'autres de manière plus durable. La glace qui fond se rassemble dans une unité des eaux ; seuls les plus gros morceaux demeurent un temps individués.

Des éclats brillent encore en marge des regroupements, des reflets disparates contrastant avec la qualité sombre des mélanges, comme des voix dissonantes s'écartant seules du magma, faisant apparaître en aria sa nature compacte.

Lighter objects spread out among heavier ones, circling to drag them down, transients at their very sites. Composition of fluids and prolific sets of small matters: stone fragments, flowy stuffs, and sometimes even insects, for example clouds of midges.

The water does not break, but like other formless, malleable substances it flows about, adapts to obstacles upon collision, paradoxically endowing them with shape, sometimes just for a bit before clouding up again and other times for much longer. Chunks of melting ice forge a union of waters; only the largest ones remain separate for a while.

Splinters on the fringes of each group go on glistening, disparate glints of light that contrast with the murky quality of the mixture, like dissonant voices wandering off alone from the magma, disclosing by way of aria the compactness of its structure.

Dans un même fond d'eau les éléments sont moins séparés, partout le fretin dérive. Le varech flotte dans le sillage des bêtes, des ondulations se forment à leur passage. Les corps se transforment dans l'absence de lumière, dans l'emprise lente des pressions. Secrètement dans la vase les poissons nagent un environnement où chaque geste est risqué ; immobiles pour un oubli, parfois seulement ils remuent soudain. Balafrés et mutilés se côtoient dans le cercle.

Les mangroves cachent des entrelacs dans leurs eaux. Protubérances et ramilles se multiplient et se resserrent ; des racines s'écartent de ces nœuds aquatiques, et s'enfoncent dans le mélange plus dense qu'est la boue.

Les choses de l'obscur sont entre elles précipitées.

In the same body of water, the elements are not very distinct, minnows drift everywhere. Wrack floats in the rippling wake of creatures. Bodies morph in the absence of light, in the sluggish grip of pressures. Secretly, in sludge, the fish swim a space in which every movement is a risk; motionless for what seems like forever, only sometimes, suddenly, they twitch. Scarred and mutilated, they bump into each other in the circle.

Mangroves harbor interlaced structures in their waters. Twigs and protuberances multiply and come together; roots split away from such aquatic knots, sinking into the denser mixture that is mud.

Things of the darkness are into themselves plunged.

Mollusques et fossiles sont des excroissances étranges se fondant en même teintes et s'effaçant en dissimulations. L'entier du monde n'a pas accès au soleil : d'immenses océans demeurent dans les profondeurs, ignorés des surfaces, parts muettes de l'ensemble, que des remous malaxent néanmoins. Dans les zones sombres, la transformation en pâle se produit en continu, mais très lentement, et la manière dont ils sont collés rend les éléments sensibles aux amalgames ; ils changent, se défont, et absorbent. Mousse du bois des clous d'autres du plastique de l'eau, tout ce qui participe à l'alchimie des souterrains entre en circulation.

Mollusks and fossils: strange growths melting into monotones and slipping away in dissimulation. Nothing in the world has access to the sun: massive oceans remain in the deep, unknown to surfaces, mute aspects of the ensemble which eddies nevertheless knead. In dark zones, the leaching of color happens continuously but very slowly and the manner in which elements are stuck together renders them vulnerable to amalgamation; they change, break down, and become absorptive. Moss wood nails stuff plastic water—everything that participates in the alchemy of the subterrains enters into circulation.

Hybrides par ajouts et retraits, un passage par les ombres transforme les choses, avec des greffons qui leur sont attachés. Les objets se désagrègent, dont des bribes se dispersent, inséminant les autres autour, qui rouillent encore dans le milieu.

Things, hybrids made by addition and subtraction, transform as they pass through shadow, things and their add-ons. Objects disintegrate; their scraps disperse and inseminate whatever's rusting about in the area.

De l'eau emporte la terre, et les herbes sont trop rares pour freiner épais ce mélange lourd. Un fond brun se forme dans la pente, et passé un certain stade, les quantités déclenchent le désordre : le parcours restreint des écoulements ne suffit plus, et les fluides s'échappent en écarts latéraux. Les digues ne supportent pas la surverse et se délitent rapidement. Les obstacles finissent débordés, et quand les plaines sont à leur tour inondées, les débris émergeant de partout multiplient les détours face aux flots ; d'innombrables arabesques en tous sens dans un flux homogène, des tourbillons perturbant la coulée irrépressible.

Elle pénètre dans les cavités, comme dans une éponge absorbant les jus puis, saturée, lentement dégorge de tous côtés. Ça n'est plus de l'eau qui s'écoule, mais de la boue, tout un chargement volumique, un contenu massif transporté dans un fluide.

Propagation par capillarité dans les obstacles hydrophiles.

Après un temps, ou rapidement selon la force du phénomène, le bâti s'effondre, même si parfois des structures restent debout, comme des vestiges nettoyés de tout cosmétique. Malgré les moments plus secs où les choses peuvent s'égoutter, des marques se forment à chaque flux et perdurent, facilitant la pénétration des liquides la fois suivante. Quand tout se mélange ainsi, le monde entier semble devenir liquide.

Water carries off earth and there's not enough grass to slow down this thickly heavy mixture. A brown gully forms in the slope and, after a certain point, the quantities trigger chaos: the narrow channel for the discharge no longer suffices and fluids leak out in lateral blocks. The embankments cannot withstand the overflow and spall rapidly. The barriers are overwhelmed, and when it is the plains' turn to flood, the debris gushing out everywhere multiplies the meanders heading out to sea. Umpteen arabesques in homogenous streams, whirlpools disrupting the irrepressible flow.

It seeps into cavities as into a sponge sopping up the wet until saturated, then disgorging it from all sides. It's no longer water that flows but mud, a volumic cargo, a massive content transported by fluid.

Capillary propagation into hydrophilic obstacles.

After a while, or else rapidly, depending on the force of the phenomenon, the frame disintegrates, though sometimes a few structures remain standing, vestiges rinsed of every cosmetic. Despite drier periods of drainage, scars form in every tide and persist, facilitating the seepage of liquid in the next round. When everything mixes together like this, the whole world seems to liquefy.

Les hydrocarbures tanguent en surface, saturent les creux, et s'emmêlent dans les plumes, alors que les balancements se poursuivent, poussés par quelque chose de plus profond. La matière flotte en suivant les contours, peut sans rompre se distendre puis se rapprocher. Les flottaisons tantôt se dilatent et tantôt se resserrent.

Des complications apparaissent dans les zones où les eaux traversent de plus grandes densités, à l'approche des côtes, quand la mer se confond avec les affluents – quand poussée par la force de ses propres quantités au large, elle remonte un peu dans des méandres qui par ailleurs s'y déversent. Les eaux glissent alors entre les racines, léchant les rives et les branches qui penchent et trempent. Les particules d'abord isolées, ou du moins réparties en surface, uniformément s'agglomèrent en amas plus imposants. La compacité reste totale, quels que soient les mouvements.

Hydrocarbons careen on the surface, saturate hollows, and get tangled up in feathers while the pitching about continues, spurred on by something deeper. Matter floats along the contours, can without breaking spread out and come back together. The waterlines sometimes expand, sometimes contract.

Complications arise in areas where the waters travel through greater densities as they head toward the coast, when the sea merges with its tributaries—when propelled by the force of its own abundance in the wide open, the sea enters somewhat into the meanders that otherwise pour into it. The waters then slip in between roots, lapping at the shore and branches bending down and dipping in. Particles at first isolated or at least distributed across the surface now cluster uniformly into imposing aggregates. No matter the movement, the compaction is total.

Des gélatines tremblent en tous sens, selon qu'elles sont agitées par un courant d'air, un choc physique ou un filet d'eau, mais elles restent toujours rivées autour d'un point de stabilité, le plus souvent au centre, mais parfois à l'extérieur, par exemple quand elles sont accrochées à un solide et qu'un courant quelconque les anime, mais qu'elles demeurent ici, sans parvenir à être emportées.

Gelatins quiver in whatever direction depending on whether they're agitated by a gust of air, a physical shock, or a trickle of water, but they remain fastened always to a point of stability that's typically at the center though sometimes on the outside, for instance when attached to something solid and some current or other buoys the gelatin even as it holds on, managing not to get carried off.

Macérations, ça trempe dehors, tout se défait dans la même boue. Le désarticulé est une chiffe, aucune structure ne tenant la masse.

Profond d'ombre où tout est dans le même jus, ce qui est dans l'eau devient marin. Le solide se désagrège peu à peu et déserte la couronne extérieure des choses. La planche de bois immergée perd d'elle-même en dissolutions. Dans le bain, les particules des dégradés s'agglomèrent aux derniers venus, encore intègres, et l'assimilation est lente. L'aspect général n'est pas encore uni ; ça ne devient le cas que lorsqu'un temps suffisant est passé et que ni ce qui vient de s'ajouter ni le fond de restes, depuis longtemps décomposé au dernier stade, réduit matériel minimum, ne sont plus distincts. Quand les choses se fondent dans ce qui désormais les entoure, une sorte de caractère commun est assigné au lieu, parce que tout ce qui est passé par cette modification en est au même point, et que tous les nouveaux apports se répartissent, aveuglément. Il n'y a plus de rythmes, plus de nuances, plus d'altérité, tout se déforme dans le gris.

Macerations steeping outside, everything unraveling in the same mud. Dismantled, the thing's a rag, no structure to its mass.

Deep in shadow where everything's in the same juice, what lives in water becomes water. Solidity disintegrates little by little, relinquishes the outer rings of things. The submerged wooden plank loses itself in dissolution. In the bath, particles from the degradations cluster around the recent, as yet intact, arrivals—the assimilation is slow. Overall, nothing looks quite uniform; it won't until sufficient time has passed and neither what's newly added nor the dregs at the bottom—long since at the final stage of decomposition, reduced to minimum material—is distinguishable from the other. When things melt into what once was their environment, the place is endowed with a sort of communal character, because everything that underwent this conversion is now at the same point and all the new arrivals have split blindly up. No more rhythm, no more nuance, no more alterity, everything's deforming in the gray.

La terreuse d'un affluent se mêle à la plus limpide. Les flots changent tout au long, accumulant des choses du parcours. Des tourbillons se forment près des quantités. Les courants maintiennent un temps la séparation, leurs écoulements voisinant, avant que l'amalgame ne soit complet.

Le domaine des corpuscules s'élargit ; vaporisés pour qu'ensuite se produise une nouvelle condensation.

Les vitres sont aussi des pentes où l'eau s'étale en filaments avant de se rassembler dans la chute. Elles se chargent d'une partie des dépôts qui formaient une croûte, amollissant le reste qui sera figé en formes quand le verre aura séché.

The muddiness of a tributary mingles with its most limpid waters. Waves keep transforming, accumulating stuff from along the way. Vortices form near great volumes. Currents remain separate for a time, flowing alongside each other until the amalgam is complete.

The realm of motes expands; the motes vaporize in order that a new mist come.

Windowpanes serve as slopes on which water streams down in filaments before merging with the flow. They take on a portion of the sediment that had formed a crust, softening the rest which will solidify later, when the glass has dried.

Les souches baignent en spongieuses, il y a des nuances de gris vert scintillant dans la boue. La luxuriance augmente dans la déliquescence ; les troncs calcinés trempent en partie dans l'eau, avec des herbes autour. De grandes masses fluctuent lentement selon l'addition de tous les remous qui les composent. Là où ça perd et où ça pompe, des bulles éclatent dans la mousse.

Les ruissellements s'amincissent, étirés en zigzags jusqu'au tarissement : la surface se referme alors, devient un mélange de tordus et de mous : plastiques et tissus peu à peu sont recouverts, mais des morceaux dépassent encore, de plus gros qui ressortent parmi les autres alluvions. Les pierres s'enfoncent dans la vase, le mélange reste incomplet.

Tree stumps drip with spongy moths, hints of gray-green scintillating in the mud. Luxuriance intensifies amid decay; charred trunks halfway dipped in water, grasses all about. Large masses fluctuate leisurely in accordance with the accumulating eddies that compose them. Where depleted or spent, bubbles burst through the froth.

The streams thin down, fanning out in zigzags until they evaporate: then the surface closes up, becomes a mosaic of warp and slack: fragments of plastic and fabric slowly get covered up, though some bits keep jutting out, the largest quite conspicuous among the other alluvia. Stones sink into sludge, the mixture remains incomplete.

Les creux se gorgent des gouilles dans les parties défoncées de la route. La poussière roussie de limailles infiltre les tissus qui s'y trouvent. De l'huile, coulant des brèches jusqu'au tarissement des réserves, tremble en couleurs arc-en-ciel en surface de décombres désormais inondés.

Il se passe régulièrement des choses qui se distinguent de l'ensemble, mais globalement, les choses d'abord colorées fondent ensuite, peu à peu indifférenciées.

Holes brim with pondwater in rutted parts of the road. The singed red dust of iron filings infiltrates the materials found there. Oil pouring out of breaches until the reserves dry up quiver in colors of the rainbow upon the now flooded rubble.

Things turn up every so often that stick out from the ensemble, but generally speaking anything at first colorful gradually melts into a lack of differentiation.

Des bois flottés, des os de seiche, des coquilles, et parfois même de poissons, toute une filasse emmêlée à chaque marée, qui se dépose et subit la pesanteur, de nouvelles morsures, et le grelottement à l'air libre malgré les avancées d'eau salée qui viennent encore inonder un peu ces rejets. Quand une vague est plus forte, ça roule un peu vers la mer, d'abord emporté, mais ça se dépose à nouveau, trop lourd, bientôt freiné dans le sable, alors que les ravinements autour se poursuivent.

Comme des effiloches de gélatine ondulant dans la mer, qui s'aplatissent quand elles se trouvent tout à coup dehors, disloquées ; des grains dans la chair sans tenue des méduses.

Continue son ruissellement de poches préservées, encore longtemps après que la dernière se soit retirée, comme si tout l'espace qu'il y a entre les grains était suffisant, cumulé, pour que se forme du dégorgement.

Driftwood, cuttlebones, shells, and sometimes even fish—a great big tangle lands at every tide and is subject to gravity, further weathering, and to shivering in open air, this despite the advances of salt water that keeps flooding these castoffs a little. When a wave is particularly strong, it rolls out somewhat toward the sea, swept up at first, but then it settles down again, too heavy, slowed down by the sand, while all around the erosion of gullies goes on and on.

Like shreds of gelatin rippling in the sea which flatten when, all of a sudden, they find themselves outside, mangled; specks in the structureless flesh of jellyfish.

Long after the last wave has receded, the streaming continues from pockets of standing water, as though all the spaces in between the grains of sand sufficed, cumulatively, for a disgorgement.

Se décomposent en jus, s'effritent en terre. La corruption s'aggrave dans l'air vicié des resserrements. Mousses et macérations se mélangent dans le désordre des taillis ; les viandes se dissolvent, mais il reste des agrégats qui flottent entre bulles et tourbillons. Les courants charrient au hasard ce qu'ils inondent, puis se dissipent simplement, après avoir organisé différemment les dépôts.

Dans l'eau stagnante, les choses se modifient : ce qui trempe se mélange. D'une succession de points amorphes, d'invisibles œuvrent à de nouveaux développements. Des cocons s'enfoncent, bourrés, éparses et denses, recroquevillés dans des niches qu'une bave et ses bulles ont déjà imbibées. Le monde fond, les hybrides naissent. Les cycles se superposent dans les forêts toujours agitées.

Putrefactions into juice, disintegrations into earth. Decomposition intensifies in the fetid air of consolidations. Frothings and rettings get mixed up in the disorder of thickets. Meats dissolve, though some aggregates keep floating between the bubbles and whirlpools. Currents cart along at random what they flood, then simply vanish, having reorganized the sediments.

Things keep changing in stagnant water: what falls in mixes in. From a series of amorphous points, invisible operators strive toward new developments. Cocoons sink in, stuffed, scattered, and dense, huddled up in little nooks already wet from the froth of some slime. The world is melting, hybrids are emerging. The cycles overlap in ever agitated forests.

Lorsque l'eau se retire, et baisse son niveau, comme si elle s'était elle-même avalée, couche par couche repliée, la terre partout reste fendue, et d'anciennes surfaces sont révélées.

L'envergure d'une racine apparaît, un peu plus dégagée à chaque mouvement du fluide. Ses parties étendues en traçantes sur une zone jusqu'alors inondée s'embrouillent à l'air libre en formations convulsées. Des particules flottent et miroitent dans les derniers écoulements.

As water recedes and reduces in level, as though devouring itself layer by folded layer, the earth cracks open and ancient surfaces are revealed.

The span of a root comes into view, a bit clearer with every movement of the fluid. Its appendages, sprawling rhizomatically across a hitherto flooded zone, tangle into convulsed formations in open air. Particles glisten and float in the final outflows.

Sécrétions qui se forment en réaction à l'inerte, attaquant sans discontinuer l'étanchéité. Alors que tout s'affaisse régulièrement en une masse, les synthétiques perdurent, comme des jalons, indéfiniment lisibles. La symbiose commence dans une abondance de liquides, de la bouillie décomposée, avec des parties encore distinctes qui lui sont mélangées.

Les plastiques restent séparés plus longtemps, comme des caillots étrangers aux mouvements qui les entourent, des restes isolés partout dans l'ensemble. Des objets blancs et des brillances parsèment ainsi les champs, sinon composés surtout d'humus, ou du moins de choses qui étaient à l'origine de couleurs différentes, mais se sont peu à peu accordées entre elles en une teinte grisâtre ou brune, la moyenne de toutes leurs valeurs, une basse continue se modifiant très discrètement au gré des nouveaux apports.

La constance et la durée viennent à bout, comme quand un objet étranger à la fourmilière doit lui être incorporé : différentes prises, en différentes tentatives, permettent enfin la décomposition. Parfois c'est par un enchaînement de hasards que les blocs s'amollissent et permettent la modification.

Les terrains regorgent de mixtures différentes. Les putréfactions côtoient des amorces de germinations : les fragments commencent entre eux à produire du lien. Un ballet incessant de parties et de restes qui se percutent à tout instant, à une échelle d'abord infime, élargie ensuite jusqu'au visible, à force d'additions.

Secretions forming in response to inert objects continually attack their resistance to water. As everything slumps slow and steady into a great big blob, synthetics persist, indefinitely legible, like landmarks. Symbiosis begins in an abundance of fluid, decomposing pulp with some discrete pieces still in the mix.

Plastics remain separate for longer, like floating curds impervious to the movements happening around them, remnants isolated from the ensemble. In this way, the fields come to be strewn with white and shine, fields otherwise composed mainly of humus, or at least of things that used to vary in color but which arrived gradually at a grayish or brownish harmony, the average of all their values, a basso continuo modifying very discretely at the whim of new arrivals.

Time and perseverance win out, as when a foreign element entering an anthill must be assimilated into it: multiple annexations in multiple attempts finally enable decay. Sometimes it is by a series of chance events that the blocks soften and permit modification.

The terrain brims with all manner of mixtures. Putrefactions occur right beside the starts of germinations: fragments begin to develop bonds with one another. An incessant ballet of bits and pieces constantly colliding, at first on a microscopic scale, then expanding into visibility, by dint of acquisition.

Muqueuses encore mouillées des mollusques, avachis dans le sable. Ou : flotte qui délite des piles de tabloïds sur le trottoir, produisant un informe de papier avec d'autres choses prises dans la masse. Des complexités d'abord à peine visibles, comme de la rouille dans du coton mouillé, déposée par points de souillure après contact de fer, élargies peu à peu en réseaux et en halos. Mais aussi des contrastes physiques, comme de la limaille dans des choses douces.

La morsure répétée de la brume, ou de toute autre sorte de vaporisation, transforme peu à peu ce qu'elle imbibe. De fines émulsions se forment en surface, d'abord seulement des gouttes, bientôt conservées dans des débuts de structures, des formations épiphytes de plus en plus épaisses, gardant de mieux en mieux les liquides, avec une possibilité d'action plus longue : un tapis d'écume, bientôt de mousses, reposant parterre. Aussi : de la rouille crépitant le béton, ou des croûtes de salpêtre remontant les murs. Le dépeuplé trempant, grêlé d'incrustations.

The still wet membranes of mollusks slumped in sand. Or: stacks of tabloids on the sidewalk disintegrating in rainwater, producing an inchoate mass of paper and other stuff. Complexities at first barely visible, like splotches of rust on moist cotton in contact with iron, slowly expanding in grids and haloes. But physical contrasts also, like iron filings against softnesses.

The repeated stinging of mist or any other kind of vapor gradually transforms whatever it saturates. Fine emulsions develop on surfaces, at first merely droplets soon to be preserved in the beginnings of structures, then increasingly thick epiphytic formations better able to retain liquid with the capacity for long-term action: a carpet of foam, then of moss, draped across the ground. Also: spatters of rust on concrete or crusts of saltpeter climbing up walls. Soaking emptiness, pockmarked with incrustations.

Le polystyrène se déchire par mottes comme de la mousse, et se répand en parties électrostatiques, attirant à elles ce qui est plus léger, ou se collant à ce qui est plus massif. Les bribes se prennent dans les fibres du balai, les agglomérats de miettes contenant également des cheveux.

Après plusieurs jours dehors, aux intempéries, il régresse de bloc en fontes informes et mouillasses, des solvants participent à la déformation. Ça brunit partout à cause des poussières, et par endroit ça s'effiloche alors qu'ailleurs ça semble gonflé de liquides. Une patine gluante en imprègne toutes les faces.

La déliquescence du polystyrène, avec des plantes, avec des poils, côtoie celle d'autres objets du talus, à transformation plus rapide : les matières progressivement diffèrent de ce qu'elles furent, à des rythmes toujours différents.

Polystyrene gets torn into moss-like clumps and spreads out in the form of electrostatic shreds that attract lighter objects to themselves or else get stuck to something bigger. Bits and pieces get caught in broom fibers, clusters of hair and of crumb.

After many days out in bad weather, it retreats from the unit in formless, wet meltings; solvents contribute to the deformation. It turns brown all over on account of the dust and begins to fray in places, while elsewhere it seems to bloat up with liquid. A viscous patina permeates it on all sides.

The deliquescence of polystyrene—of plants, of hair—takes place alongside that of other objects occurring at a faster pace on the talus: materials progressively differ from what they once were, at ever-changing rates.

Glissant sur la trop sèche, après un temps absorbée comme en une éponge, l'eau lime lentement ce par quoi elle passe. Les quantités s'accumulent et submergent les capacités de la terre, l'emportant, par morceaux si de petites racines la gardent en mottes compactes rassemblées, ou par granules dilués dans l'eau qui devient de la boue.

Gliding across arid soil, getting absorbed into it after a while as into a sponge, water abrades what it traverses. The quantities accumulate and overwhelm earth's capacity, carrying it away in chunks—if there are small roots to keep it compact—or as granules diluted in water that's becoming mud.

La perte d'étanchéité, même par gouttes, corrode sans cesse le bâti. Les jointures sont rongées, les couleurs se transforment, les mastics finissent par peler. Écoulements traversant la maison, de la charpente aux fondations ; à chaque pluie, la porosité de toute la structure s'aggrave. Les constructions amoindries deviennent des lieux pour un cycle des eaux : l'effritement progresse à chaque influx, à chaque reflux, les jus ayant tout imbibé s'évaporent, jusqu'à ce qui pourrait être nommé la marée suivante.

Des matières aux changements. Les rigoles parcourant le linoléum, à la moindre dépression la remplissent, désignant ainsi un point comme débrayé dans la dynamique de l'édifice. Quand l'alternance est trop rapide entre ajout et retrait, à un stade déjà avancé du défaut, un fond d'intraité s'accumule.

L'eau est une activité, même quand elle reste sans mouvement. À l'image des buvards qui aspirent jusqu'à saturation, les liquides dégorgent au-delà d'une certaine dose de plein. L'usure fait éclater enfin à force les poutres porteuses. Les ensembles d'un coup s'effondrant sont depuis longtemps minés en sous-couche.

The loss of water-resistance, to droplets even, keeps corroding the frame. Joints wear away, colors transform, the putties eventually peel off. Water courses through the house, from skeleton to foundation; the porosity of the entire structure worsens with each rainfall. Weakened constructs become sites for a certain cycle of water: disintegration increases with every influx; with every reflux the juices, having saturated everything, evaporate until what might be called the next tide.

From matter to modification. Rivulets running across the linoleum fill up the least indentation, thus marking the spot as OUT OF ORDER in the dynamic of the edifice. When, at an already advanced stage of the defect, the alternation between addition and subtraction becomes too rapid, an intractable pool accumulates.

Water is an activity even when it does not move. Just as blotting paper absorbs only to the point of saturation, liquids get disgorged past a certain measure of fullness. Erosion finally causes the load-bearing beams to explode. Ensembles collapsing in one fell swoop have long since been undermined at the base.

Soit ce sont des plaques formées contre les murs, ou des disques enracinés dans le bois, soit ce sont des boules blanches au sol qui en grandissant déchirent leur membrane, le restant de peau formant alors les lambeaux et l'anneau.

S'infiltrent dans les places sombres, envahissent autour, lacis et protubérances parfois, des passages en surface avant qu'à nouveau ça ne s'enfonce. Les visqueux se mélangent, bien que de substances différentes.

L'humidité reste, quelque chose dans l'air qui macère. La chimie des sous-sols se propage, avec son odeur de suintant disloqué. Fragilise les poutres, tout solide comme une matière cartonnée, et les embranchements partout de mycéliums emmêlés. Les structures sont encore debout, mais quand les parties molles seront suffisamment nombreuses, stratégiquement disposées, l'ensemble va s'affaisser.

Either they are patches on walls or disks rooted in wood or else they are white balls on the ground, membranes ripping open as they expand, the rest shriveling into tatters and coils.

They infiltrate dark places, invade their surroundings, sometimes lattices and protuberances, passages on the surface, before sinking down again. Viscosities mingle, even of different substances.

Humidity persists, something in the air is stewing. The chemistry of the subsoils circulates with its fragrance of dislocated ooze. It weakens beams, all solid like cardboard, and the tangled branches of mycelia everywhere. The structures are still upright, but when the soft parts are sufficiently numerous, and strategically positioned, the ensemble will collapse.

L’eau sort par perles de la terre, tiges diverses poussières tessons vapeurs, de la boue épaisse recouvre les aspérités. Le soleil et le vent aspirent l’eau, des formes gazeuses s’extirpant du sol, et la terre devient serrée. Toujours protégées, lenteur des évaporations, les cavités restent plus longtemps odorantes. Revers de cailloux et de tôles, chiffons des lombrics et des scolopendres ; l’herbe aplatie est moins verte que ne l’est celle qui a respiré, l’herbe amollie restant basse envasée.

Objets corrodés pesant dans la masse, des points d’arrêt dans la suite en quinconce des flaques. La pluie jour après jour remplit les récipients, les creux se gorgent à ras bord, dessinant des zones brillantes aux formes inédites. Dans la partie enfoncée d’un ballon dégonflé, l’eau prend la forme d’une sorte de rond déformé.

Water pearls out of the soil—diverse stalks particles of dust shards vapors—thick mud buries the asperities. Sun and wind absorb water, gaseous forms emanating from the ground, and the earth gets compact. Always protected —slowness of evaporation—the cavities stay fragrant for longer. Undersides of stone and sheet metal, rags of earthworm and centipede; flattened grass is not as green as grass that has been able to breathe, the softened parts remaining low and silted.

Corroded objects weighing down the mass, rest stops in the quincuncial sequence of puddles. Day after day, rain replenishes containers, holes fill to the brim, delineating dazzling zones of unprecedented shapes. In the sunken part of a deflated balloon, water assumes the form of a warped sphere.

Du givre se forme dans les fougères, les condensations se brouillant en grumeaux. L'eau, de plus en plus épaisse, fonctionne au ralenti. Le ruissellement devient un objet figé, un boyau à la fois lisse et irrégulier, étiré tout le long. Un bref moment, quand le changement n'est pas encore complet, différents états se confondent. Ensuite, pierres ou autres matières qui dépassaient émergent simplement de l'enveloppe de glace. Des différences de textures, par exemple dans la falaise.

Des zones inondées font de près les rappels de lointains archipels. Durcir en mécanisme constricteur. Des lacs apparaissent gelés à l'aube comme s'ils avaient toujours été ainsi ; l'effet de la nuit qui comme une ponctuation fait oublier qu'elle est aussi une durée.

D'autres épaississements : la sève circulant épaisse dans les arbres, la thixotropie des boues, tout autre s'écoulant lourdement.

Frost grows on ferns, condensation congeals in clumps. Water thickens, works in slow motion. Its flow becomes a fixed object, an entrail at once smooth and irregular, stretched all the way across. For a brief moment, when the change is not yet complete, different states of matter intermix. Then stones and other stuff that used to protrude simply come out from under the cover of ice. Textural variations, for example in the cliff.

Flooded zones serve as local reminders of distant archipelagoes. Hardening's a constricting mechanism. Lakes appear frozen at dawn as if they had always been so; the effect of night, like a punctuation mark, makes one forget that it too is a duration.

Other thickenings: sap sluggishly circulating in trees, thixotropic muds, anything with a heavy flow.

Les plats sont pleins de restes compactes ou dilués ; un concert de cavités résonnant à chaque volée de gouttes. Les bassines se remplissent de pluie ; avec le temps une patine en couvre le fond. L'écume résiduelle demeure comme incrustée, un film un peu plus gras contre les parois de plastique.

Il y a des gouilles dont le fond est constellé d'effritements, des enchevêtrements de ferrailles et de poutres. De vieux fauteuils prenant l'eau, les mousses gorgées, sales, des feuilles qui jonchent les formations. Les textiles dans la bave des bêtes, les solides s'encroûtent au bain. Quand il est mouillé, le bois calciné sent plus fort. Dans les étendues abandonnées, le coucher du soleil signifie la nuit vraiment.

The dishes are crammed with dense or diluted scraps; a chorus of cavities echoes with each volley of drops. Basins fill up with rain; over time a patina comes to coat the bottom. Residual scum left behind as crusts, somewhat greasier films against plastic walls.

There are pools spattered with debris and tangled-up girders and beams at the bottom. Old armchairs taking in water; filthy, waterlogged mosses; leaves scattered across the formations. Textiles in animal slobber, solids crusting up in the bath. Charred wood smells stronger when wet. In forsaken expanses, the setting of the sun truly signifies night.

Bougies usées, incendies de navires, feux follets en surface des marais, incinérateurs ensablés : des flammèches qui se noient au moindre excès de matières. Toutes sortes d'enlisements pour évoquer une brièveté des lumières.

Les scintillements du soleil dans les vagues entrent en écho avec les mouvements d'ailes qui s'agitent en chiffons. Les oiseaux se posent en battements plus serrés et mangent les dépouilles sur la plage. Lorsqu'on sort d'une grotte face à la mer, le cri des mouettes est aussi un scintillement.

Spent candles, ships on fire, will-o'-the-wisps on the surface of marshes, silted-up incinerators: sparks snuffed out by the least excess of matter. All sorts of stagnations to conjure but a brevity of light.

The shimmering of the sun upon the waves echoes the movement of wings fluttering in rags. Birds descend on the beach in tighter flaps and feed on cadaverous remains. At the exit of a grotto facing the sea, the shriek of gulls is also a shimmer.

Qui peuvent s'enfoncer dans la peau : en bois ou en aciers ; les braises crépitant d'un baril en feu. Celles qui tombent dans la boue refroidissent immédiatement, et passent d'incandescences à débris.

What might penetrate the skin: of wood, of steel; the crackling embers of a barrel on fire. Those that fall in the mud cool down immediately, transitioning from incandescence to debris.

En hivers, la désolation est complète. Des routes passent encore dans le vague, soufflées tous les jours et couvertes de neige. De grandes voies traversantes qui s'effacent dans la tempête. Des photographies de type land art témoignent en noir et blanc du chemin qui s'annule, enseveli sous les poudres repoussées par le vent.

The desolation of winter is total. Roads keep driving through the void, squalled upon daily and blanketed in snow. Major thoroughfares get erased in the storm. Land art photography testifies in black and white to the annulment of streets buried under snow propelled by the wind.

Apres l'inondation, lentement il y a l'assèchement. Les choses les plus grosses restent, en attendant la prochaine averse. Les morceaux arrachés s'éparpillent aussitôt libérés du poids additionnel que représente le liquide.

Poudres balayées fines, entropie, tout se mélange et se disperse. Concassé ou dissous, le réduit infléchit selon ses qualités propres le mélange dans lequel il se fond ; ça ne sera peut-être pas visible.

Un ordre de friches s'organise en régime de sècheresse, où sont encore lisibles toutes les traces de l'eau. Une langue uniforme avec, pesant dedans, des blocs un peu moins entamés.

After the deluge, slowly there's the drying up. The largest items remain behind, awaiting the next downpour. Broken pieces scatter once freed from the additional weight of the liquid.

Fine powders in the wind, entropy, everything mixing together, everything drifting away. Ground up or dissolved, what's left inflects, per its own nature, the mixture into which it melts; this will perhaps not be visible.

A series of wastelands organizes itself under a regime of drought in which every trace of water remains legible. A uniform strip within which some sections are a bit less ruined.

Éradicats ponctuant de vastes délaissées. Au premier plan, des poussières jonchent un grand verre, en arrière-plan un mouvement de nuages qui s'effilochent à travers le ciel.

Des formes perdurent dans le continuum des poudres. Où il y avait un objet, ça n'est plus maintenant qu'une empreinte géométrique, légèrement estompée par de nouveaux dépôts. Il y a un jeu de couleurs à discerner dans la transparence : le noircissement résiduel d'une portion brulée, le reste rougeâtre d'une tache incrustée. Les poudres n'ont pas la même teinte filigrane partout sur les meubles.

Dehors, il n'y a pas souvent de longues plages de fixité ; les intempéries alimentent un peu plus le mélange.

Eradicates punctuate forsaken expanses. In the foreground, dust speckles a tall glass; in the background, a procession of clouds unravels across the sky.

Forms endure in the powdery continuum. Where once there was an object, now only a geometric imprint, lightly blurred by fresh deposits. There is a play of color to be discerned in the transparency: the residual blackening of a burnt end, the reddish remainder of a crusty stain. The powders settling on the furniture do not bear a consistent shade of filigree.

There aren't often long stretches of fixity outside; bad weather fuels the mixture a bit more.

Le smog dérive lentement, les vapeurs baignant également le complexe dont elles sont issues : des tours disparaissent dans la brume, où les autoroutes ne sont plus que des chapelets de lueurs discontinues. Un paysage avec desquamations, où déchets et poussières déposées dans la neige bougent dans la masse se tassant gorgée de son jus. L'air impropre fait son filtre des congères : peu à peu le bord des routes se charge de noirceurs, et les masses dégoulinantes.

Parfois les stalactites les plus massives se rompent. Quand les glaces s'affaissent, elle se brisent et s'enfoncent, provoquant chaos et remous. Il y a du précipice partout à l'échelle d'une goutte, mais les quantités dispersées redeviennent masse homogène à chaque fonte, libérant ce qui s'y était fiché.

Smog drifts lazily, the vapors also suffusing the complex from which they derive: towers vanish in the haze where highways are but strings of discontinuous light. A landscape of desquamation where trash and dirt left in the snow move about in the self-compacting mass saturated with its own juice. Snowdrifts filter the filthy air: little by little the roadsides take on the darknesses, the dripping masses.

Sometimes the biggest stalactites break. When ice gives way, it shatters and collapses, provoking chaos and turmoil. Everywhere a precipice, on the scale of a drop, but at every melting the dispersed quantities recombine to form a homogenous mass, releasing whatever was stuck inside.

Tantôt les objets paraissent nets, tantôt des fumerolles dissimulent. La terre exhale régulièrement des bouffées, dégagées de la pesanteur chaude des forêts.

Les magmas bougent des amoncellements partout, les espaces changent par lentes reconfigurations. Des bulles émergent en surface, éclatent ; les concentrations se dispersent dans une totalité plus grande. Des courants brassent les particules dans l'eau, tout s'évapore lentement et se condense à nouveau. Il n'y a ni début ni fin claire aux mutations : les choses se mélangent entre elles et s'amalgament à l'environnement. L'indistinct repose dans la masse, des choses encore dures dans les anfractuosités pleines de mou.

La lumière se diffuse dans le brouillard, les formes qui s'y trouvent sont brouillées. Tout trempe dans un fond saturé.

Sometimes objects appear clearly, other times hidden by gas and smoke. The earth exhales regular puffs of air from the hot heft of its forests.

Magmas move little heaps about, spaces transform in gradual reconfigurations. Bubbles pop up on the surface and burst; the concentrations disperse into a greater totality. Currents stir particles around in the water, everything evaporates slowly and condenses again. There isn't a clear start or end to the mutations: things get mixed up and amalgamate with the environment. Lack of distinction in the mass, hardness in the anfractuous slack.

Light disseminates through the fog in which all forms are murky. Everything soaks in a saturated depth.

Ne se distinguant pas du ciel dans la nuit, les émanations des usines se répandent, sans qu'il soit possible de les déceler.

Indistinguishable from the night sky, the fumes of factories fan out undetectably.

Sans courant pour remuer, l'atmosphère alentour semble se figer. Tout sèche lentement, mais garde la marque des jus dans lesquels ça a trempé. Perclus de poils, enlisés dans un foisonnement d'herbes jaunes, gonfles de l'eau finissant dans des trous. D'infimes agitations amorcent une extension, les dérives entre les déblais. Inertes et primaires se côtoient dans le désordre, imbibés de substances, où les odeurs changent avec les couleurs.

In the absence of currents to stir it, the surrounding atmosphere seems to congeal. Everything dries slowly but retains the stain of the juices in which it used to soak. Riddled with hair, mired in a profusion of yellow grasses, bloated with water that ends up in holes. Minute agitations initiate extensions, driftings amid the debris. Soaked in substances, inert and elementary matters meet in the disorder where the odors turn with the turning of color.

Les choses s'additionnent et se répandent en ordres singuliers, redéfinissant le périmètre. Les racines débordent des limites initiales ; passant parfois en surface, elles s'enfoncent à nouveau.

Protubérances qui émergent de masses isolées pour apprivoiser l'environnant, des boules ratatinées grandissant à un rythme régulier, déplaçant des portions enfouies ; l'emmêlée en tubercules de difformes, porteurs de la marque d'une réclusion dans l'obscurité. Pâleurs, rigidités et appareils alternatifs de survie sont les conséquences de carences en soleil.

Things accumulate and spread out in singular patterns, redefining the perimeter. Roots extend beyond their initial limits; sometimes after reaching the surface, they go back down again.

Protuberances poking out of isolated masses in order to tame the environment, shriveled spheres growing at a steady pace, displacing the portions that were buried. Tubercular tangle of deformed objects, bearers of the sign of reclusion in the dark. Consequences of the lack of light: palenesses, rigidities, alternate life support systems.

À l'origine séparations, les grillages deviennent peu à peu des supports : les lianes à peine dehors s'enfaufilent, et ça enfle des deux côtés. Mais il y a aussi des grains dans les touffes, qui s'étant envolés comme des pollens passent à travers les treillis. Un trou encombré d'éboulis. Des nuées soulevées soudain, dont une partie se perd, passent à travers et se répartissent régulièrement. Quand elles percutent une matière, elles l'agressent et des parties se détachent, entrant à leur tour dans la ronde. Le contenu compacté de sacs entre en dispersion une fois éventrés. Quand le train passe, le choc du souffle pulvérise un nuage qui retombe encore vaporeux.

Originally partitions, fences gradually become support structures: creepers growing just outside snake in, and the thing fattens on both sides. But amid the tufts there are also some grains, which pass through the trellises like blown-off pollen. A hole choked up with scree. Roused-up swarms, dwindling somewhat, fly across and redistribute evenly on the other side. When they collide with matter, they effectively assault it; bits fall off and in turn enter the round. Disemboweled, the compacted contents of sacs begin to spread out. When a train goes by, the shock of air pulverizes a cloud which deflates, still vaporous.

Un déchaussement partiel laisse des poteaux tordus ; la rosée perlée peut à nouveau infiltrations s'y glisser. Les câbles jonchant la route ne conduisent plus d'électricité, ils étalent des entrelacs. Les égouts remontent émanations vers le ciel ; d'une agglomération enfoncée dans ses propres vapeurs. Les grilles les fendent, une partie des condensations s'y dépose. La brume se reforme au-delà, puis se dissipe. Les choses continuent, désunies.

Du vague tendu entre les solides : le chant des grenouilles écarte alentour un espace, par jeu de signaux et de réponses. Les herbes bougent, l'altération lente, des ensembles grelottants.

A partial uprooting leaves the poles all twisted up; pearls of dew can seep into them once again. Cables littering the streets no longer conduct electricity, they lace out networks. Sewers send their emanations into the sky, emanations from a town plunged in its own vapors. The grates cleave them, a portion of the condensates settling there. Mist reconstitutes on the other side and dissipates. On it goes, disunited.

Haze held taut between solid objects: frog song opens a clearing via call and response. The grasses sway—slow degradation, quivering ensembles.

No trespassing en jaune, pendu de travers aux grillages : les ravages d'après la tempête, ainsi isolés. De l'huile coule de camions éventrés et serpente un peu avant s'enfoncer dans la terre. L'eau est épaisse, dont les couleurs varient au gré des déversements. Pour quelques ajouts, il y a surtout du retrait. Avec l'évaporation, il ne reste bientôt plus qu'une couche de particules déposée au fond. La manière dont elles ont été disposées tient à la manière dont elles flottaient encore, alors que leur bain s'est peu à peu raréfié. Elles sont simplement restées là où elles furent au moment du contact, quand il n'y a presque plus eu de liquide, en tout cas plus suffisamment pour les laisser bouger. Disparues dans une montée de liquides, un dépôt de saletés quand ça redescend.

Yellow NO TRESPASSING signs askew on fences: the post-storm ravages in this way isolated. Oil drips from disemboweled trucks and snakes about before sinking into the earth. The water is thick, its colors varying according to the nature of the spill. For every few additions, several more subtractions. Because of evaporation, soon nothing will be left but a layer of particles deposited on the ground. The manner in which the particles are arranged corresponds to how they were still floating even as their bathwater was becoming progressively scarce. They just stayed where they were at the moment of impact, when there was hardly any liquid left, or at least not enough for them to go on moving. Disappeared when there's a surge of liquid, a heap of muck when there isn't.

Des néons qui crachotent, le bruit des ampoules qui grésillent ; avec les fluctuations de courants, ce sont deux rapports à la lumière qui alternent si vite qu'ils cohabitent. Le réseau, chauffé à blanc, de fils minuscules, tantôt vecteurs et tantôt résistances, illuminant par pointes les zones concernées. Et la boue pesant dans la terre, qui enlise la moindre étincelle. Aucune tension ne la traverse. Il ne reste que le jour, où tout repose, pareil à un éboulement.

Quand il n'y a plus d'électricité, après un peu de temps durant lequel tout reste identique, un dégorgement inonde le congélateur. Les gouttes se rassemblent sitôt passé le temps où le froid continue par lui-même à s'entretenir, la glace protégeant la glace contre l'inévitable réchauffement qui s'infiltre. La circulation dans l'hermétique : les contenus dans l'odeur de rancissure des plastiques.

Sputtering neons, crackling bulbs: with the fluctuation of current, these are two relationships to light that alternate so rapidly they practically coexist. The white-hot grid of minuscule wires—sometimes conductors, sometimes resistances—illuminate relevant zones in spikes. And the mud weighing down the earth stifles the least little spark. No voltage can pass through. All that remains is daylight in which all things rest, as in a landslide.

When there is no more electricity, after a brief period during which everything stays the same, a disgorgement floods the freezer. Droplets begin to collect as soon as the cold is no longer capable of maintaining itself, ice shielding ice against the inevitable warmth seeping in. Circulation under hermetic seal: contents soaking in the stink of plastics turning rancid.

L'usure de revêtement, quand elle est suffisamment prononcée, dévoile des briques par endroits ; celle des fondations discrètement précède l'effondrement. Les plantes qui grandissent ici se confondent parfois avec les tiges filetées qui s'échappent, tordues, d'un maillage caché soutenant le bâti. Si les végétaux sont suffisamment noués, par dessus par dessous, entre les différentes parties de la maison, alors quand bien même elle aurait perdu structurellement toute tenue, elle restera debout, avec une touffe sortant de chaque vide.

Les plantes grandissent dans des sens qu'elles doivent sans cesse compenser, la synthèse du bois est une production d'ajustements.

The wear and tear of the coating, when sufficiently pronounced, reveals here and there patches of brick; that of the foundation discretely precedes its collapse. The plants growing here sometimes blend in with the twisted-up threaded rods absconding from a hidden meshwork supporting the frame. If the vegetation is adequately connected, above as below and across different parts of the house, then even if all structural integrity is lost, the house will remain standing, a tuft poking out of every void.

Plants grow in directions for which they must constantly compensate; the synthesis of wood is a production of adjustments.

L'asphalte assimile des cailloux dans sa coulée. Certaines densités empêchent les mouvements d'air ; la pesanteur d'une viscosité lente. Des poussières se déposent sur la pâte encore brulante qui charrie et se répand, ensevelies aussitôt ou figées en surface, comme un film voilant alors un peu la noirceur de l'ensemble. Les choses à mesure s'agglomèrent.

Dans le dur, mouvements convectifs d'un contenu mou : avant que ce ne soit vraiment unifié, la surface est déjà croûte. Les parties intérieures sont encore liquides, répercutant partout l'excès des pressions. Les membranes résistent jusqu'à un certain point, mais quelquefois les enveloppes se déchirent, et les fluides se répandent. Lorsqu'un agencement parait faible, une menace a été détectée. Comme de la lymphe d'une plaie dont la croûte serait abîmée, ou de la lave reprenant sa coulée alors qu'elle était enfermée dans d'autres parties d'elle-même déjà pétrifiées.

Les terrains sont d'anciens plasmas, de l'univers refroidi. Dilatations et resserrements, il ne reste d'altérations que mécaniques une fois que la masse est séchée ; des fissures se formant, des bris qui s'éparpillent.

Asphalt incorporates stones into its flow. Certain densities impede the movement of air; the heft of a slow viscosity. Particles of dust settle on the still burning paste which transports them as it spreads, and soon they get buried inside or stuck to the surface, like a film veiling the darkness of the thing somewhat. The agglomeration keeps on.

In hardness, convective movements of a soft content: before it is properly unified, the surface is already a crust. The interior is still liquid, exerting the excess of its pressures outward. The membranes withstand this to a point, but sometimes the casings rip and fluids gush out. When a layout appears weak, a threat is detected. Like lymph inside a wound whose scab was damaged or lava resuming its flow having previously been trapped in other, already petrified, parts of itself.

The terrains are of ancient plasmas, from the cooled-down universe. Dilations and contractions, only the mechanics of weathering remain to occur once the mass has dried up; formation of fissures, scattering of fragments.

Le soleil tapant les HLM, leurs façades réverbèrent la lumière. Quelques irrégularités produisent des ombres géométriques portées sur le reste. La ville avance par à-coups puis entre un temps en stagnation. Les instruments de chantier restent, comme oubliés. C'est un point de suspension, peut-être suivi de plus de travaux, ou alors du définitif abandon. Un brouillonnement d'énergies encore latentes peut conduire soit à plus de ville, soit au retour des grillons. Des jouets en plastique forment par terre des taches de couleurs qui structurent le désordre croissant des friches. Les câblages forment partout des courbes, pendent des paraboles aux fenêtres. Des blocs alignés articulent un espace, tout bouge autour de l'immobile.

Des poussières se déposent dans les pots de peinture fraîche et gâtent le mélange. Le vent porte le sable dans les rues, herbe par herbe, mousse par mousse, le désert avance dans les zones qui par rapport à son lieu sont excentrées. Le contour variable d'objets composés de plusieurs éléments, plus petits et disjoints, parfois pourtant rassemblés en zones où en plus grande densité, son imprécision se lève.

The sun beats down on housing projects, their facades reflect its light. Some irregularities cast geometric shadows on whatever's been left behind. The city progresses in fits and starts, then enters a time of stagnation. Construction equipment lies about as though forgotten. It is a period of suspension, to be followed perhaps by a resumption of work or else permanent stoppage. A buzz of still latent energy could lead either to the development of more city or to the return of crickets. Plastic toys leave colorful stains on the ground that structure the rising disorder of the wastelands. Everywhere cables bend into curves, hang out of windows in parabolas. Aligned units articulate a space; everything orbits what does not move.

Dust settles in cans of fresh paint, ruining it. Wind drives sand into the streets, into each blade of grass and every tuft of moss; the desert advances into places far, far away from its home. The variable contours of objects composed of multiple smaller, more disjointed elements; gathered sometimes in zones of terrible density, their imprecision rises.

Du mouvant qui s'infiltre par les grilles, le *no man's land* frissonnant au lever du jour. L'éparpillement de morceaux, chaque courant délogeant de fentes et répandant à nouveau, constamment rejoue les configurations. Les feuilles sont des extensions matérielles du vent, révélatrices par tremblements.

D'autres ne sont que des brassages un peu lents, comme ceux de mousses débordant de récipients. Les fumerolles grandissent d'une bouche de cheminée, s'élargissent d'abord en haut, et c'est quelque chose de gris qui s'alimente sans cesse. Puis, après que les températures ont changé, différentes d'un point à l'autre du smog, un tassement des gaz opère. Le calme au sol permet l'accumulation : les usines baignent maintenant dans leurs propres vapeurs.

Les forets ailleurs trempent aussi dans leurs fragrances tropicales.

An instability filters through the grates, no-man's-land shuddering at the break of day. The dispersal of fragments, every current spurting out of cracks and spreading out again is constantly replaying the configurations. Leaves are material extensions of the wind, their tremblings are revelations.

Other movements are but sluggish brewings, like froth spilling out of containers. Gas and smoke rise out of the mouths of chimneys, widening at first on top—it's a gray thing feeding incessantly. Then, when the temperatures change, differently in different parts of the smog, the gasses begin to fall back. Calm on the ground enables accumulation: the factories now bathe in their own vapors.

Elsewhere forests also steep in their tropical fragrances.

L'herbe de haut en bas sauvage rappelle en nodosités ses racines. Les plantes deviennent rigides comme du bois, les pétales tombent au vent.

Il y a une atténuation des couleurs. Les images semblent généralement grises, avec ici ou là des accents colorés. Les végétaux sont maculés de poussières ; infectés par le ciment dont le sol regorge. Eaux de gâchage transportant leurs particules, contaminant par le bas. Ces plantes en lisière des chantiers font partout la jonction avec ce qui n'est pas encore construit et pointent en éparpillement du bord des routes au loin dans les collines, produisant une sorte de dégradé entre deux mondes, une continuité transportante.

Le talus est un long masquant, dépôt ou *standby* devant des maisons immaculées.

Nodules along the lengths of wild grass are reminiscent of their roots. Plants become rigid like wood, petals fall in the wind.

There is an attenuation of color. Images appear grayish with accents of color here and there. Vegetation is mackled with dust, infected by the cement brimming in the soil. Mixing waters transport their particles, contaminating the ground from the bottom up. Plants on the edges of construction sites join forces with what has yet to be constructed and protrude in patches on the sides of roads all the way into the hills, producing a sort of grayscale between two worlds, a rapturous continuity.

The talus is a prolonged concealment, a dump or a standby in front of immaculate houses.

D'arborescences étendues, les fils se mélangent en amas inextricables, toujours plus serrés. Des tiges débordent des mailles, les fibres se tordent ; spontanément, câbles, tuyaux et cordes s'organisent en nœuds, absorbant du disparate dans leur nouvelle unité.

Sprawling arborescences, wires tangle up into inextricable, ever-compacting clusters. Stems irrupt from meshes, fibers get twisted; cables, pipes, and ropes organize spontaneously into knots, incorporating something of the miscellany into their new alliance.

Les machines mangeuses de métaux ont de petites mâchoires puissantes et des câblages qui longent leur bras articulé. Les contenus tombent des ouvertures et s'écrasent lourdement. L'orientation varie en mouvements réguliers. Ça se libère en haut, ça se densifie en bas. Les décombres sont des amoncellements les uns par dessus les autres d'où s'extirpent en bouquets des tiges déformées, qui branlent parfois quand l'autre extrémité est rivée dans la pierre. La neige noircit par degrés au contact des matières, pesant en fondant sur de nouveaux microcosmes, encore dissimulés.

The metal-eating machines possess small but powerful jaws and wiring that runs the length of their articulated arms. Contents fall out of openings and crash loudly. The orientation varies in regular movements. Freer on top, tighter at the bottom. The rubble is composed of piles on top of piles, bunches of deformed stems jutting through, that wobble sometimes when one end is attached to stone. Snow blackens in degrees upon contact with matter, pressing down as it melt onto new, as yet hidden, microcosms.

Eléments dont l'amorce est hors de terre, papiers, poudres, innombrables formant un registre du mobile. À la moindre bourrasque fusent en tous sens, puis s'évanouissent ; des loques retrouvées plus loin en dispositions renouvelées.

Ailes toutes déployées, suivant les fluctuations, les oiseaux font du surplace dans les airs. Les bosquets et les choses ancrées, autres plantes autres pierres, des véhicules sur les parkings : rien qui ne participe au vent.

Elements whose origins lie above ground: papers, powders, countless little things creating a catalog of mobility. The slightest gust of wind makes them fly about in all directions and vanish; tatters found further away in renewed arrangements.

Wings outspread, following the fluctuations, birds hover in the air. Thickets and anchored things, other plants, other stones, cars in parking lots: nothing participating in the wind.

Grillons grésillant toujours un peu en décalage ; entre les battements il y a parfois du silence.

Des monticules se forment et grandissent de déchets empiétant les broussailles ; les poubelles ne sont pas vidées mais déplacées. Enfin, toute la terre est une masse affaissée.

Crickets chirping always a little out of sync; between the beats sometimes there is silence.

Mounds form and grow, of trash encroaching on the scrub; trashcans aren't emptied, only moved. In the end, the earth is a big, saggy mass.

Zones d'abandon pour un regain d'activité, où les décomposeurs s'éveillent et creusent des vides.

Des mouches vivent dans la laisse de mer, dans des canettes froissées. Leur champ d'action les mène alternativement partout autour en secousses irrégulières. Elles s'attachent à chaque détail, s'en vont puis reviennent avec précision, toujours au même point. La circulation s'amplifie. Les calamars pourrissent au soleil, une senteur pesante embaumant les brillances de leur peau. Tout semble rester constamment similaire, mais l'agitation transforme peu à peu les dépôts.

Zones of neglect for a revival of activity, here decomposers wake up and dig holes.

Flies live in the foreshore, in crumpled cans. Their field of action leads them one by one all around in irregular jolts. They attend every detail, fly away and return with the greatest precision always to the same spot. Traffic intensifies. Squid rot in the sun, a lumbering stink embalms the brilliance of their skin. Everything seems to stay always the same, but little by little the movements rearrange the sediments.

Fissures des corniches et des murs, au sol des pousses, les fosses et les grilles des égouts : il y a des ombres proches du sol, perpétuellement changeantes, où une émulsion de germes se produit. L'éclosion des œufs commence dans l'eau. Les larves tortillent en tous sens, ou sortent moustiques du marasme. Dans la plaine ensuite, parce que le repéré faible sur lui concentre l'attention, mâchoires et insectes se rejoignent dans la viande.

Fissures in cornices and walls, new shoots in the soil, pits and sewer grates: there are shadows on the ground, constantly moving, in which an emulsion of germs appears. Eggs begin to hatch in water. Larvae wriggle about, or mosquitoes fly out of the slump. Then to the plain, its feeble spot having drawn their attention, insects and jaws convene upon the meat.

Tiges de bas en haut couvertes de poils : les gonflements visibles sont surplus de sève ou embranchements cicatriciels. Les feuilles se rétractent la nuit, le jour elles se déplient. Lorsque la pluie tombe, elles se secouent à chaque impact. Ampleurs se déployant de paquets forcés, des excroissances sensibles qui s'adaptent aux formes successives du vent. Même si un seul air souffle, il n'y a pas de balancements semblables.

Stalks covered in hair from root to tip: the visible swellings
indicate a surplus of sap or scar tissue. Leaves retract
at night, unfurl by day. When it is raining, they tremble
upon each impact. Amplitudes unfolding from
constrained bundles, sensitive excrescences that
adapt to successive shapes of the wind. A mere puff
of air occasions an abundance of quivering.

La maison craque de partout, le bois travaille, ses mouvements audibles toute la nuit. Empire de ce qui se gorge ; les fissures s'élargissent, où peu à peu au calme commencent des mousses, où peu à peu au calme palpitent des formes de la vie petite. Les organisations molles sapent les systèmes établis. Toute une dynamique de désordre s'insinue par les trous.

Couloirs et persiennes défoncées deviennent des zones de circulation. Guêpes et papillons y tournoient, bouclant autour des restes à manger. L'ampleur du bourdonnement, signe d'une abondance des essaims. D'incroyables nids grandissent contre les poutres, structures minutieuses en carton ou en colle digérée articulées à l'édifice. La chorégraphie des infimes prend place dans un espace où le solide sert de support. Le bâti est une béquille. L'intérieur n'est qu'un passage de lumière pâle entre deux extérieurs.

Every part of the house creaks, the wood warps, its movements audible all night long. Empire of water-logged objects. The cracks widen and little by little, in peace and quiet, mosses begin to grow; little by little, in peace and quiet, forms of small life begin to throb. Soft organizations undermine established systems. A dynamic of total disorder insinuates itself by means of holes.

Corridors and battered blinds become zones of traffic. Butterflies and wasps flit about, looping above scraps of food. The amplitude of the buzzing is a sign of swarm abundance. Terrific nests grow on the beams, meticulous structures made of cardboard or digested paste jointed to the edifice. The choreography of infinitesimal things takes place in an arena where solidity offers support. The frame is a crutch. The interior, but a passage of pale light between two exteriors.

Ensembles xylophages en mouvement, tout un mou circulant dans le ferme, crissement des larves en tous sens. Tout ce qui naît se mêle de suite, ne cessant qu'à la fin du manger.

Les arbres s'effritent, maintenus compacts dans des grilles serrées. Encore debout, bien que les fibres s'effilochent et que les troncs se désagrègent : c'est un paysage provisoire. Quand ils s'effondrent, un nuage de poussière s'élève et des senteurs se répandent en forêt.

Xylophagous ensembles in motion, a slackness moving through rigidity, larvae squealing about the place. One after the other newborns enter the circuit, not stopping until the meal is over.

Trees disintegrate but remain compact in tight grids. Still upright even as their fibers fray and their trunks get pulverized: this landscape is temporary. When the trees collapse, a cloud of dust lifts up and fragrances suffuse the forest.

Encombres par tas, des entre-mottes de sable, leur mélange dans les herbes est à la fois volatile et saturant. Des parcelles du désert, émanant de loin, avancent par saltation dans les prairies. La logique des tas est de rouler sur eux-mêmes, de se mêler encore aux choses. Le monde se couvre sans cesse de poussières.

C'est un roulement plus grossier que celui de l'eau, lui versatile s'aplatissant. Une image peut se former de l'organisation impalpable de la bourrasque : la propagation figée des grains par terre dessinant des courbes.

Les obstacles, dont peu à peu l'une des faces est encombrée, se prolongent en légère pente jusqu'au sol, un peu plus loin, des microdunes étirées comme des queues de comètes ou des ombres au soleil couchant. Figées selon la direction que prenait le dernier vent, elles se transformeront au suivant.

Cumbrous piles and in-betweens of sand, their entanglement in the grasses is at once volatile and saturating. Parcels of the desert traveling from afar advance by saltation into the prairies. The logic of the piles involves rolling upon themselves and continuing to mix with things. The world blooms limitlessly with dust.

It is a movement cruder than that of water, which is versatile and self-smoothing. An image might form of the squall's impalpable organization: the suspended propagation of grains tracing circles on the ground.

Gradually encumbered on one side, obstacles extend upon a slight slope into the ground; somewhat further away, microdunes stretch out like the tails of comets or shadows in the setting sun. Fixed in the direction of the last wind that blew by, they will transform again in the next.

Spumosités affleurantes, du visqueux entre les plantes, dans une flotte où il y a également d'autres substances, des secrétions comme s'en libèrent de sables bitumineux. Des fluides en luisance entre des parties brutes de matières, ou l'inverse selon les endroits.

Emergent spumosities, a sliminess in between plants; in rainwater full of other substances, secretions of the sort released by bituminous sands. Glossy fluids penetrate the coarse aspects of matter or, depending on the site, vice versa.

Poussières des insectes, la masse est un dépôt.

Émission d’un peu de lumière dans les herbes, de sources également cavitaires. Les lucioles forment des nuages, volatils sous les arbres ; le jour ce sont de petites mouches qui rondent un essaim comme un nid.

Du plastique coincé dans les pierres, des attaches parmi d’autres retenant les légers entraînés dans le vent. En haltes et en reprises, de gauche à droite, toutes les herbes ensemble, rien ne résiste pour toujours à la dérive. Quelque chose se casse après avoir été entamé, et ça s’envole.

Un scarabée virevolte au-dessus des restes, ses couleurs contrastent avec le gris.

Heap of insect dust, a deposit.

Small emissions of light amid the grasses, from equally hollow sources. Lightning bugs make for volatile clouds under the trees; during the day, they're just tiny flies circling a swarm like a nest.

Plastic stuck between stones, straps of a sort catching slight stuff buoyed by the wind. In fits and starts, from left to right, all the grasses all together, nothing can resist the drift forever. Something breaks having just been rattled—it flies away.

A beetle flits above the scraps, its colors contrast with the gray.

Graminées et petites fleurs commencent à essaimer alors que l'espace d'où elles pointent n'est qu'une fissure au milieu d'étendues de goudron.

Grasses and small flowers begin to teem even though the spaces from which they poke up are but cracks in the heart of stretches and stretches of tarmac.

Le ciel se charge en altitude de suspensions, mais reste bleu ; presque rien ne permet de les distinguer, si ce n'est la lumière qui change, sans qu'aucun nuage ne puisse être identifié comme source de la variation, et alors ce ne sont pas vraiment les suspensions qui sont aperçues, mais seulement un effet de leur présence.

Des masses de sable se détachent, se mêlent aux souffles atmosphériques, puis se dispersent en ralentissant, redescendant sur terre en ayant traversé d'un coup de vastes portions du globe. Les granules de certains se déposent parmi d'autres. Un cocon tropical repose ainsi dans un jardin boréal ; son éclosion dévoile une créature aux couleurs ignorées, de dimensions paraissant ici irréelles.

At high altitude, the sky is full of suspensions but remains blue; almost nothing permits them to be distinguished but for the changing light and no cloud can be identified as the source of variation, and then it's not really the suspensions that are seen but an effect of their presence.

Masses of sand break away, mix with atmospheric winds, then disperse as they slow down, returning to earth having all of a sudden travelled vast swathes of the globe. Granules of some such settle among such other. In this manner, a tropical cocoon comes to rest in a boreal garden, hatching to reveal a creature of astonishing color and fantastical proportion.

Il est rare de découvrir de nouveaux géants, de nouveaux infimes se révèlent et se résorbent sans répit.

It is rare to discover new giants, but microscopic entities are unveiled and reabsorbed without reprieve.

De plus longues tiges s'élèvent au cœur d'amas putrescents ; de nouvelles pousses pointant de la mousse, dont les racines sont plongées dans l'informe. Le contraste est marqué mais les extrêmes s'articulent : des luxuriances aux couleurs éclatantes, déployées d'un fond refoulé, étriqué et sale, où tout goge emmêlé, impraticable et sombre, même en plein jour.

La décomposition en mondes minuscules, et les excroissances déployées de centres mous : des ramilles qui grandissent à nouveau, toutes sortes d'embranchements, comme la lainasse de moisi structurée en points de gonflements sur des légumes au frigo.

Taller stalks rise up from the hearts of putrescent clusters; new shoots poke out of the moss, roots plunged in formlessness. The contrast is stark, but the extremes cohere: richnesses of brilliant color unfurling against a repressed background, crammed and filthy, where even in broad daylight things fester, all mixed up, murky, and impracticable.

Decomposition into minuscule worlds and growths fanning out from jellied centers: twigs regrowing, all manner of branchings, like the wooliness of mildew arranged in swollen patches on vegetables in the fridge.

Clapotis et grincements, la texture sonore des niches ; des cavités gorgées d'œufs, les fissures, des mandibules qui tremblent autour en surface. Le trouble en continu ou le calme, c'est une question d'échelle.

Des fibres inertes se mêlant à l'anatomie des minuscules, leur donnant au microscope une allure arachnéenne : tantôt masses opaques, et tantôt parties filiformes, des antennes mais aussi de plus larges, comme pour les mouches les ailes, dont la surface est translucide, avec des nervures et des délimitations. Noueux partout perclus de poils, sur fond lumineux, des corps et organes aux allures un peu spectrales.

Lappings and creakings, the sonic texture of niches; craters crammed with eggs, crevices, mandibles quivering about on the surface. Incessant calm or incessant turmoil, it's a question of degree.

Inert fibers meld with the anatomies of minuscule things, endowing them with a spidery appearance under the microscope: opaque masses sometimes, other times filiform, antennae as well as larger structures, like the translucent wings of flies replete with nerves and other demarcations. Knobby and bristling with hair, against a luminous backdrop, bodies and organs of somewhat spectral allure.

Masses de cheveux et dépôts de savons collent dans les siphons, formant peu à peu des bouchons. Invisibles enfouis dans les cloisons de la salle d'eau, hors d'atteinte, dans des sortes de coulisses ignorées. Ce qui s'y passe est cependant perceptible dans l'espace directement, quand l'évier reste plein, ou la baignoire, quand des retentions s'accumulent, formant des cuves pleines d'eau savonneuse, verdâtre et laiteuse, et des poils qui flottent en surface.

Le pliqueti lent du robinet alimente continuellement le dépôt. Une pièce de la maison, c'est une caverne junguleuse, une grotte avec des mares ; et l'eau commence à sentir à mesure de la stagnation. Devenue image, de lents tournoiements dans l'arrêté.

Clumps of hair and soap scum get stuck in u-bends, gradually forming clogs. Invisible stuff lodged between the sliding doors of the shower stall, out of reach, mired in a hidden passageway of sorts. Whatever's going on in there is however directly perceptible in the space when the sink is full, or the bathtub, when standing water accumulates, resulting in vats of greenish, milky, soapy water with hair floating on top.

The measured drip-drop of the faucets keeps feeding the deposit. One room of the house is a woodsy cavern, a grotto filled with pools; and as it stagnates, the water begins to stink. It has become image, slowly swirling at a standstill.

Lainages et tissus absorbent l'humide ; empilés dans des armoires, cachent un mouvement des mites ; d'innombrables minuscules se délectent de restes inutiles. Les rampants se relayent dans les recoins et alimentent la permanence du grouillement. Un remous suffit comme signal à l'éveil du dormant ; ça y est, la nuée. La cuisine se remplit de papillons gris, les parasites pullulent. Les volettements, mêmes et nerveux, répètent un schéma un moment, puis changent soudain en une vrille. De nouveaux parcours se dessinent. Les mouches se renversent, les papillons battent des ailes en poudroiement avant la mort. Quand on les écrase, on ne fait que taper des mains et pourtant quelque chose de la vie éclate.

Wool and fabric absorb moisture; piled up in armoires, they conceal a movement of moths; countless tiny creatures gorge on pointless scraps. Creepers take turns in the recesses, nourishing the permanence of whatever's milling about. A flurry suffices as signal to rouse the dormant and there it is—the swarm. The kitchen fills up with gray butterflies, parasites pullulate. The nervous and identical fluttering obeys a pattern for a while, then transforms dramatically into a tailspin. New routes emerge. The flies flip over, the butterflies beat their wings into a fine powder and die. When crushing them, one merely strikes the hand and something of life detonates.

Benzines, du même fond que les putréfactions. Dans les citernes, il règne une tranquillité des mazouts.

Benzines in bed with putrefactions. There reigns in cisterns the tranquility of fuel oil.

De vastes halls des millions, toujours plus fines reposant parterre, mais aussi sur des rebords ou autres surfaces élevées. Versatiles et suffocantes à l'activation, des poussières en vaporisation soudaine. Des soulèvements puis une suspension lente, tout un monde qui s'éveille à chaque mouvement, quand une masse un peu plus grande perturbe l'air, brassant en passant l'ensemble du dépôt. Des scintillements dans la rasante, qui miroitent parce que dérangés.

Les faisceaux rayonnant des lucarnes révèlent aussi ce qui existe en dehors. Entrant puis quittant la zone de lumière, ce sont, le temps de leur passage, des divergences de particules, s'élevant puis redescendant, circulant par trajectoires arrondies, globalement toutes ensemble, disparaissant ensuite à nouveau comme par résorption. Le brouillonnement continu, fondu dans les ombres.

Ça s'agite dans le confiné : aux arabesques et aux dérives succèdent des explosions de poussières. En cas de combustion, il y a propagation rapide dans le mélange.

Vast halls of millions, the finer particles lying always on the ground but also on ledges and other elevated surfaces. Versatile and suffocating upon activation, particles of dust in a sudden spray. Uprisings then a gradual suspension, a whole world waking up with every movement, when a largish mass disturbs the air, stirring up the entire deposit as it passes by. Scintillations in low light, glistening because deranged.

Beams radiating through skylights reveal what exists outside. For the duration of their passage, as they enter and leave the zone of light, these particulate divergences rise then fall, circulate in rounded trajectories, together for the most part, then disappear again as though by resorption. Continuous scrambling, melting into shadow.

Much ado in confined space: after the drifts and arabesques come explosions of dust. In the event of combustion, there is rapid propagation inside the mixture.

Banians qui s'étendent par capillarité de lianes, dont les extrémités s'enfoncent dans le sol et mutent en amorces. D'impulsions en tous sens, l'expansion continue.

Les matières se complexifient en structures plus fines, enchevêtrées, qui toutes ensemble empêchent la lumière. Il y a une part d'ombre partout près du sol. De plus en plus au fond, des branches des feuilles lichens des fleurs des planches ossements et plumes des pierres, la succession des grains de sable empilés donne une idée de l'enfouissement.

Le centre mort des arbres forme un creux invisible derrière un foisonnement de tiges : des lierres ont pris contre appui, des étrangleurs ruisselant jusqu'au sol. La structure entière repose maintenant sur du vide.

Banyan trees extend through the capillary action of aerial roots whose ends burrow into the ground and mutate into new beginnings. Impulsions in all directions, continuous expansion.

Materials complexify into finer, more entangled structures which in concert impede the light. A shadowy element across the ground. Accumulating at the base: branches leaves lichen flowers planks bones feathers stones; the series of sand piles evokes a burial site.

The dead center of the trees creates an invisible hollow behind a profusion of stems: the roots have taken hold, stranglers streaming all the way down to the ground. The entire structure now rests upon a void.

Une tombe, ça n'a pas d'air, plat, dans les futaies ça garde enfoncé, n'a qu'un revers.

Versatiles de pucerons : mouvements des yeux, séquences fluides de pattes et poils, la lenteur des corps en successions et en ruptures. Chaque chose entre et sort d'alignements. Les araignées s'interrompent et attendent, immobiles, que leur proie soit leurrée.

La répétition, un crescendo. Le délitement partout, le frisson des choses.

Les bêtes capturées dans les phares sont pétrifiées. Les insectes coincés dans la toile paralysés en une morsure et emballés dans des couches de colle. De simples lampadaires aspirent la vie volante des champs.

A grave, airless, flat, in forests it remains totally pressed in, no recto, only verso.

Versatile traits of aphids: eye movements, fluid arrangements of hair and leg, languidness of body in pattern and rupture. Every part goes in and out of alignment. Spiders pause and watch, immobile, in order to lure their prey.

Repetition, a crescendo. Ubiquitous spalling, the thrilling of things.

Animals caught in the glare of headlamps are petrified. Insects trapped in webs, paralyzed by a single bite and wrapped in layers of glue. Mere streetlights suck up the volant life of fields.

Quelque chose de calme se dégage des prairies, qu'un soubresaut brouille parfois soudain. Des échos de grillons ou des rondes de virevoltants longeant les lignes électriques. Beaucoup de bruits nouveaux ressortent du silence. Le vent ne fait que passer, il touche ici en venant de loin. Dans la nuit, le moindre son résonne comme un éclat.

Les chaussées existent encore, mais elles sont enfouies. Il y a quelques maisons debout, des remous de graminées, et le réseau de goudron, à plat dissimulé. Comme une force émergeant de partout en même temps, ignorant le quadrillage rigoureux des routes, le débordant au lieu de s'y tenir, des étendues d'herbes effacent peu à peu la lisibilité d'arrondissements qui ne sont presque pas habités.

Il y a d'autres rythmes, durant le jour et durant la nuit. Des bêtes vivent dans le foisonnement, parcourent des espaces devenus lâches, où rien ne semble ni vraiment droit ni régulier. Partout c'est la préoccupation du nid, avec des voitures qui peuvent parfois passer, les lumières de quelques maisons, et dans les prés, plus ou moins tassées, les traces inactives du policé. Deux mondes pour quelques temps superposés sans qu'il ne soit jamais possible d'oublier l'un ou d'oublier l'autre.

Something calm radiates out of the prairies which a spasm sometimes suddenly interrupts. Echoes of crickets or tumbleweeds rolling alongside powerlines. Several new sounds crop up in the silence. The wind is only passing by, having come here from far away. At night, the littlest sound reverberates like a drum.

Roadways still exist but buried. There are a few houses standing, the flurry of grasses, and a laterally concealed network of tar. Like a force emerging from everywhere at the same time, disdaining the rigorous crisscrossing of streets, brimming over instead of heeding it, expanses of grass erase bit by bit the legibility of barely inhabited neighborhoods.

There are other rhythms too, during the day and during the night. Animals thrive in the abundance, roaming through areas that have become slack, where nothing is ever neat or orderly. Everywhere a preoccupation with nesting, the occasional car passing, lights in some houses, and in the more or less crammed fields, dormant traces of regulation appear. Two worlds superimpose upon each other for a period of time, it never being possible to forget one or the other.

Les insectes et leurs piquants, parts grouillantes, des plantes irritantes dans le tourbillon des fourrés. Les orties se gonflent de perles, leurs tiges les plus longues paraissent plus acérées. La forme des feuilles se découpe à contre-jour ; partout, les poils et les dentelures se détachent d'un ciel immense et blanc.

Insects and their stingers, burgeoning parts, irritant plants in the turbulence of thickets. Nettles fatten with pearls, their longest stalks seem to have sharpened. The shapes of leaves in relief against the light; hair and serration delineated in an immense, white sky.

Le désordre est un ramassis de tiges embrouillées, les unes aveugles aux autres, qui grandissent toutes selon leur propre logique. Mêlées qui s'insinuent, se croisent dans le châssis et s'échappent ailleurs par les fenêtres : des carcasses en sont percluses de part en part, saisies en friche, qu'un arbre transperce, déroulant ses branches toujours plus serrantes, de l'intérieur vers l'extérieur, à l'endroit de nouvelles ramifications.

Ça garde enfoncé ce que ça traverse, et en même temps ça donne aux forces œuvrant au disparate facilité de capture pour l'éparpillement. Constricteur des herbes, qui avalent sans distinction

Disorder's a mess of tangled stems, each ignorant of the other and growing per its own particular logic. Commotion that creeps in, cuts across the frame, and escapes through the window: carcasses pockmarked with it all over are seized into the wasteland pierced by a tree opening its clenched-up branches at the site of new ramifications.

It knocks down whatever it passes through and, at the same time, grants to those forces seeking heterogeneity a talent for acquisition and dispersal. Constrictor of grasses, indiscriminate swallower.

Les alternances brassent lentement ; l'érosion sans cesse de matières dispersées à mesure. Il y avait l'océan, il y avait des champs ; bouffissures maintenant de poissons pourrissant en forêt. Le ballet de parties qui, même infimes, se percutent à tout instant.

Le plein air n'est qu'une version moins chargée des souterrains.

The alternations stir slowly; ceaseless erosion of materials scattered over time. Once there was ocean, once there were fields; now bloated bodies of fish rotting in forests. A ballet of fragments that, though minuscule, crash into each other constantly.

Open air is but a less hectic version of the subterrains.

Des lucioles tourbillonnent dans les buissons, disparaissant par moments avant de rejaillir. Elles accomplissent une suite de mêmes gestes pourtant toujours différents. Les enchaînements sont incertains, les tournoiements sont parfois plus amples que d'habitude.

Des points lumineux dansent en surface des marais ; des herbes grandissent dans des vides.

Lightning bugs twirl about in the bushes, disappearing every now and again before resurfacing. They execute a series of the same gestures but modify them a little each time. The sequences are uncertain, the whirling sometimes ampler than usual.

Luminous points skate on the surface of marshes; grasses grow in the gaps.

Le soleil n'éclaire bientôt plus qu'une face des herbes, prolongées au sol en un étirement d'ombres, fondant à leur tour, et la nuit commence vraiment.

Des détails reparaissent lentement que l'agitation du jour rendait inaudibles. Au passage d'un avion, un sifflement se dégage, comme une fine zébrure d'altitude perturbant les espaces terrestres, resserrés par contraste en une masse silencieuse, avant qu'ils ne s'élargissent à nouveau en détails innombrables après sa disparition.

Le vent est un semeur, les étendues sont vastes. Les grillons resonnent encore un moment.

Soon the sun will illuminate only one side of the grasses stretched out on the ground in an elongation of shadow, which too shall disappear—then night truly begins.

Details previously rendered inaudible by the hubbub of day slowly reappear. When a plane flies by, a hissing sound emerges, like a thin streak of altitude disturbing terrestrial space, which by contrast constricts into a silent mass, decompressing back into an abundance of detail after the plane has disappeared.

The wind is an inseminator, the expanses are vast, the crickets chirp a little longer.

Les tissus mouillés changent de couleur, des poussières s'insinuant dans leurs plis s'incrustent dans leurs fibres. Les liquides sont des vecteurs sans tenue de suspensions, glissant contre des solides où elles pourront se déposer.

Wet fabric changes in color, dust insinuating itself in the folds becomes embedded in the fibers. Liquids serve as structureless vectors for suspended particles, gliding across solids on which they might settle.

Succession de monticules et de cavités dans le chantier; de la destruction en même temps que de la progression. Ce sont deux horizons qui cohabitent: ça pourrait être en cours d'érection, encore tout au début, ou au stade ultime du démantèlement. Mais pour l'instant, parce que ça a juste l'air suspendu, en pleine stagnation, c'est un mélange.

Quoi qu'il en soit, des herbes un peu partout percent entre les fers arrachés de rambardes incomplètes. Des générations trempent dans les gravats, initiant au calme d'autres foisonnements. En eaux stagnantes, la pesanteur des choses dont on ne s'occupe pas produit un peuplement d'impensés.

Series of pits and mounds at the construction site; destruction synchronous with progression. Two concurrent prospects: it could be in the process of being built, still in its early stages, or it could be at the final stage of demolition. For the moment however, because things just seem suspended, completely stagnant, it's a bit of both.

Regardless, there is grass everywhere poking through the iron rods of incomplete guardrails. Generations steeped in rubble, initiating other profusions in the calm. In stagnant waters, the weight of stuff left unattended produces a peopling of unthunk things.

Mottes et rouilles partout, l'aube révèle vides des espaces occupés la nuit. La peinture en spray a ruisselé contre les briques dans la terre. Pesanteur de la flotte et volatilité de coquilles broyées scintillant au soleil diffèrent.

Entre les arêtes de poissons, quelques tiges par bouquets d'embourbés. Les barbelés trainent, désarrimés des poteaux, embrouillés dans les touffes.

Comme du construit dans un dédale de poussières ; tôles qui tiennent encore, choses dressées des écroulements ; des verticales un peu sèches en caillasse, crécelantes.

Des étendues sans fond sont traversées par un vent sans appui.

Rust and clumps of earth everywhere; dawn reveals empty spots where, at night, the spaces had been full. Spray paint has trickled down brick walls and into the ground. Variation between the weight of rainwater and the volatility of crushed shells glittering in the sun.

Mired bouquets of stems jut up from in between fish-bones. Barbed wire on the floor, loosened from poles, tangled up in clumps.

As though built in a labyrinth of dust; sheet metal still holding on, stuff poking out of collapsed piles; dryish vertical planes of loose stone rattling.

Bottomless expanses traversed by a spineless wind.

Nuées de minuscules aux trajectoires embrouillées rythment l'espace, répétant leurs parcours un peu les mêmes, mais aussi un peu changeant ; qui sortent d'organismes plus grands, maintenant éteints.

Hordes of tiny particles cadence the space with their chaotic trajectories, repeating pathways that are somewhat the same but also somewhat changing, particles from much larger organisms that are now extinct.

Rien ne se répète exactement, de légères nuances font les dislocations s'additionnant. Des ensembles approximatifs à position provisoire régulièrement remuent. Ce qui était érigé est maintenant couvrant la surface. Peu à peu chaque morceau transforme en tous sens chaque masse. Le régime général est celui de l'état gazeux.

La grille tordue, les fumées se déroulent mollement, tout divergeant. Parmi les vestiges d'après l'incendie, une merveille de la combustion : ces patterns de pertes qui se forment entre deux moments de cendres virevoltantes.

Nothing repeats in exactly the same way, subtle nuances make the dislocations accrue. Approximate ensembles in provisional positions twitch every now and again. What used to be upright now blankets the surface. Little by little, every piece transforms every mass in every way. By and large, this is the regime of the gaseous state.

The grate mangled, smoke uncoils listlessly, drifting about everywhere. Among the vestiges in the aftermath of fire, a marvel of combustion: these patterns of loss that develop between two points of pirouetting ash.

Un oiseau monte raide, creuse un écart, se détache de tout ce qui pèse sur la ville. Gravitant autour de pylônes, en cinq ou six flexions d'ailes, rejoins d'autres un peu partout, et des nuées alternativement obscurcissent le ciel ou font miroitement.

Incrustées dans la pierre ou sur le capot des voitures, les coulées de guano se resserrent ou s'écartent, et des brillances irrégulières se dévoilent : des portions de carrosserie ou de marbre subsistent entre des masses pétrifiées, dont l'acidité ronge leur propre substrat. Les bêtes se précipitent par volées vers la rivière, s'embrouillent toutes ensemble ; parfois, des bourgeons là, parmi les déchets.

A bird flies up, drills a little hole, disengages from all that weighs upon the city. Orbiting pylons in five or six flexions of wing, it joins other birds flying all over, and thick clouds alternate between darkening the sky and making it shimmer.

Streams of guano coating stones or the hoods of cars flow toward or away from each other; irregular brightnesses are unveiled: sections of marble or metal remain in between the petrified globs whose acidity eats into their own substrates. Animals rush in flocks toward the river, get muddled up; sometimes flowers grow amid the trash.

L'entrave compacte d'un mur tranche avec la volatilité de brumes le débordant. Un magma confus bave de limites acérées, comme un halo d'un cache quand la source de lumière est obstruée.

L'ombre de mouches se découpe dans une lumière qui ne leur est pas destinée, dans le plastique jauni de néons où reposent d'autres, secs et immobiles ; des microcosmes à l'écart, suspendus alors que tout autour est balloté.

The solid barrier of a wall is in sharp contrast to the volatility of mists brimming over. A confused magma dribbles across stark limits, like the halo from a cache when the source of light is obstructed.

The shadows of flies are conspicuous against a light not intended for them, against the yellowed plastic of neon fixtures on which others are resting, immobile and dry; microcosms suspended on the sidelines while everything else gets shunted about.

Une même masse de paille repose en vrac, s'étalant d'une seule coulée sur les différents niveaux contigus du dépôt. Les fétus un peu à l'écart sont des occurrences plus ou moins disjointes de l'amas, lui donnant un contour incertain.

L'air du fenil est si sec que tout est rendu délicat ; dans ce lieu ça s'effrite dès que juste un peu ébranlé. Complications de poussières, qui se dispersent et remuent sans jamais vraiment se fixer. L'humidité les alourdit et les rend inopérantes, la sècheresse au contraire les excite. Les dormances reprennent sitôt le mouvement terminé.

Plusieurs autres émiettements issus d'organiques : les ailes d'un papillon qui se brisent à la moindre accroche, différentes déchirures dans ce qui se minéralise en séchant, ou les émanations déployées sous forme d'odeurs d'une masse unique.

Les granules ou sciures qui absorbent les liquides : une substance encapsulée dans une autre, sitôt chargée reposant lourdement sur la route.

A pile of straw lies in a big mess on the floor, spreading out in a single movement over multiple, contiguous layers of the deposit. The wisps of straw lying somewhat apart are more or less disjunct manifestations of the pile that confer upon it a hazy outline.

The air in the hayloft is so dry it has made everything quite fragile; here things fall apart if shaken just a little. Complexities of dust drift and agitate without ever really stabilizing. Humidity weighs them down and renders them ineffective; dryness, on the other hand, is stimulating. The dormancies resume as soon as the movement is over.

Several other fragmentations of organic origin: butterfly wings pulverizing at the least snag, gashes of various kinds on stuff that mineralizes upon drying, emanations released in the form of odors from a single block.

Granules or sawdust absorbing liquids: one substance encapsulated in another, plonked down on the road once refueled.

De grands nuages traversent le ciel et disparaissent à l'horizon sans avoir eu d'influence.

Large clouds move across the sky and vanish into the horizon having made no impact.

Translator's Note

The first note I wrote to myself when I began translating *Un domaine des corpuscules* goes: "This is theater." The principals are dust and mud, water, slime, pollen, shreds of plastic, twigs, balls of hair, grass, bones, the pulverous wings of butterflies, and such like. Minuscule though these actors be, their performances—even simply resting on the ground, suffering the weather—seem to me grand. I have tried to recreate this sense of drama.

The sentence I've carried with me the most is *Les feuilles sont des extensions matérielles du vent, révélatrices par tremblements* ("Leaves are material extensions of wind, their tremblings are revelations" in my rendering). I remember reading it for the first time sitting on a porch as the wind extended materially into the green of a tree in front of me.

Over the years, I've come across several terms, particularly via the environmental humanities but also phenomenology, that might characterize with due precision what Baptiste Gaillard has made here. But I always go back to the word "description." These poems describe—meticulously, gracefully—how materials break down, disperse, remix, and become something new. The key movements are fragmentation, aggregation, mutation, and flow. They happen over and over again at varied speeds and scales.

To borrow from the Swiss edition's elegant catalog copy, Gaillard's *domaine* manifests a "dirty geometry." Sentences run on at times; at others, they fragment; occasionally, they do both at once. Lists are mobile, evolutionary; each has its own logic. Syntax mimics whatever's rotting in the sun or swimming in the sea. That odd space where disorder isn't so chaotic as not to bear a touch of order—that's the grammar of the realm. One teeters constantly between impasse and epiphany.

Lyn Hejinian's formulation that "Form is not a fixture but an activity"—indeed that entire paragraph from "The Rejection of Closure"[1]—annotates well Gaillard's use of syntax and punctuation. The way words cluster into phrase or fragment, the atypical uses of the semi-colon, and prolific comma splices enact the agglomerations and disintegrations narrated in the text.

It has been important therefore to follow the source text's punctuation and syntax as closely as possible, to match its protean, pliable qualities. Where I've departed from Gaillard's arrangements, the reason was rhythm or clarity or both.

Occasionally, Gaillard invents new words—*brouillonnement*, for example, from *bouillonnement* (the action of bubbling) and *brouillon* (rough draft), whose ingenuity I've not managed to quite replicate (I went with "buzz"). As many translators do, I've compensated with coinages elsewhere, like "unthunk things" *for impensés* and "in-betweens of sand" for *des entre-mottes de sable.*

---

[1]"The relationship of form, or the 'constructive principle,' to the materials of the work (to its themes, the conceptual mass, but also to the words themselves) is the initial problem for the 'open text,' one that faces each writing anew. Can form make the primary chaos (the raw material, the unorganized impulse and information, the uncertainty, incompleteness, vastness) articulate without depriving it of its capacious vitality, its generative power? Can form go even further than that and actually generate that potency, opening uncertainty to curiosity, incompleteness to speculation, and turning vastness into plenitude? In my opinion, the answer is yes; that is, in fact, the function of form in art. Form is not a fixture but an activity."

I am profoundly grateful to Baptiste Gaillard for the gift of his beautiful book and of getting to translate it. I am lucky to have been in correspondence with Baptiste (it feels truer to use his first name now, as one does in emails) these past years. His insistence that the translation exist as a work in its own right has guided me just as much as his patient answers to my endless queries.

Our earliest conversations were about the book's title. My first attempt—*A Domain of Corpuscles*—sounded too clinical. We talked through several options until we landed on *In the Realm of Motes*, "realm" connoting something of the regality of *domaine* and "motes" better serving the French usage of *corpuscules* to mean any kind of small entity, of which the book is a celebration.

I am also grateful to Saretta Morgan for her friendship and support of this project; to Roof Books and James Sherry for shepherding the book into existence; and to the editors of *The Cleveland Review of Books*, *Exchanges*, *European Literature Network*, and *Solid State*, for publishing excerpts from the realm in their esteemed pages.

Aditi Machado
May 2025

About the Author

Baptiste Gaillard is a writer, artist, and arts educator. He has exhibited installations and objects in galleries and art spaces in Switzerland and Europe. Language has gradually become the subject of his work, and he has since regularly published his texts in magazines as well as six books including *Un domaine des corpuscules* (Swiss Literature Award), *Ombres blanches sur fond presque blanc*, and *Un test de fragilité*. His work explores the thresholds of the sensible and tells of materials and transient states like the condensation on a window that disappears as soon as it is imprinted.

About the Translator

Aditi Machado is a poet, translator, and essayist. Her books include a translation of Farid Tali's novel *Prosopopoeia* and the poetry collections *Material Witness*, *Emporium* (James Laughlin Award), and *Some Beheadings* (The Believer Poetry Award). She is a contributor to Katrine Øgaard Jensen and Ursula Andkjær's mistranslation project *Ancient Algorithms*. She lives and works in Cincinnati, Ohio.

the best in language since 1976

Recent & Selected Titles

- WHAT TO CARRY INTO THE FUTURE by Susan Landers, 106 pp. $20
- ANYTHING WITH SPIRIT by isaiah a. hines, 104 pp. $20
- TUNES & TENS by Kit Robinson, 130 pp. $20
- THE FLOW OF THE POEM'S DISPLAY OF ITSELF by Carrie Hunter, 150 pp. $20
- WINDOWS 85 by Chris Campanioni, 160 pp. $20
- BUMBLEBEES by Deborah Meadows, 100 pp. $20
- THROUGH A WINDOW by Norman Fischer, 104 pp. $20
- SECRET SOUNDS OF PONDS by David Rothenberg, 138 pp. $29.95
- HAND ME THE LIMITS by Ted Rees, 130 pp. $20
- TGIRL.JPG by Sol Cabrini, 138 pp. $29.95
- THE POLITICS OF HOPE (After the War): Selected and New Poems by Dubravka Djuric, Biljana D. Obradovic (translator), 248 pp. $25
- BAINBRIDGE ISLAND NOTEBOOK by Uche Nduka, 148 pp. $20
- MAMMAL by Richard Loranger, 128 pp. $20
- EXCURSIVE by Elizabeth Robinson, 140 pp. $20
- I, BOOMBOX by Robert Glück, 194 pp. $20
- FOR TRAPPED THINGS by Brian Kim Stefans, 138 pp. $20
- TRUE ACCOUNT OF TALKING TO THE 7 IN SUNNYSIDE by Paolo Javier, 192 pp. $20
- THE NIGHT BEFORE THE DAY ON WHICH by Jean Day, 118 pp. $20
- MINE ECLOGUE by Jacob Kahn, 104 pp. $20
- SCISSORWORK by Uche Nduka, 150 pp. $20

Roof Books are published by
Segue Foundation
For a complete listing of Roof Books, go to: roofbbooks.com
Roof Books are distributed by
Independent Publishers Group/IPGbook.com